RELATION

DU BANQUET

PATRIOTIQUE

DU

28 JUILLET 1833.

MONTPELLIER,

DE L'IMPRIMERIE DE JEAN MARTEL AINÉ,

PRÈS DE LA PRÉFECTURE, N° 10.

—

1833.

RELATION

DU

BANQUET PATRIOTIQUE

Du 28 juillet.

Hier dimanche, 28 juillet, plus de quinze cents patriotes (1), purs et éprouvés, s'étaient réunis à un banquet civique pour célébrer l'anniversaire de la glorieuse révolution de juillet. Toutes les mesures avaient été prises pour donner à cette fête nationale un caractère imposant, de dignité et de grandeur. Une commission composée d'hommes de toutes les classes avait été nommée pour organiser cette immense réunion populaire. Chacune des émigrations qui se trouvent à Montpellier avait été priée de se faire représenter par dix membres choisis et désignés par elle : Polonais, Italiens, Espagnols,

(1) La foire de Beaucaire a empêché plus de trois cents patriotes de se trouver à cette réunion.

s'étaient empressés de répondre à cette fraternelle invitation. Afin qu'il y eût plus d'ordre et de régularité, les toasts avaient été jugés et classés par la commission.

L'heure du banquet était fixée à cinq heures. Déjà, long-temps avant, une foule immense de citoyens, en habit bourgeois et en costume de garde national, se pressait dans les allées basses du Peyrou, où la réunion devait avoir lieu. Un grand nombre de dames de tout rang, de tout âge, des enfans, des vieillards, tous rayonnans de joie, circulaient autour des longues tables qui avaient été dressées, et admiraient nos brillantes couleurs flottant sur les arbres qui défendaient les convives d'un soleil ardent. Une statue de la liberté, ornée des drapeaux de l'insurrection de chaque émigration, et une tribune décorée avec goût et simplicité, attiraient surtout l'attention. Le moment de se mettre à table étant arrivé, chaque citoyen prit sa place avec le plus grand ordre. Les dames formèrent à l'entour comme une guirlande de fleurs variée de mille couleurs.

Ce qui donnait surtout de la vie à ce spectacle ravissant, c'était la présence d'un des députés les plus éloquens et les plus courageux de l'opposition. M. Cormenin, qu'un bonheur inespéré avait conduit à Montpellier, invité par la commission à assister au banquet et à le présider, avait accepté avec empressement. Cette nouvelle s'était bientôt répandue dans la ville, et chacun voulait voir et entendre l'écrivain indépendant, le représentant incorruptible, dont la France admire la fermeté et le talent (1).

Ainsi que cela avait été réglé par le programme de la commission, un roulement de tambours annonça, à 6 heures moins un quart, que les toasts allaient être portés. M. Cormenin parut à la tribune ; il y fut accueilli par une triple salve d'applaudissemens et par les cris répétés de *vive Cormenin ! vive le député indépendant !* Puis il se fit un profond silence, et M. Cormenin prit la parole (2). Les orateurs qui lui succédèrent à la tribune ne furent pas moins bien reçus. MM. Renouvier, Charamaule, Guinard, Espinosa, Gervais, Laissac, etc., furent aussi vivement

(1) Aussitôt que l'arrivée de M. Cormenin fut connue, tous les officiers de la garde nationale, M. le colonel en tête, allèrent lui faire visite. Le lendemain, une brillante sérénade se fit entendre sous les croisées du député populaire et défenseur des droits de tous. La population de Montpellier, dans cet acte de reconnaissance envers le député consciencieux, ne cessa de conserver l'ordre et le calme, qui sont inséparables du droit et de la justice....

(2) On verra à la suite de cette relation le toast qu'il porta, ainsi que celui des autres patriotes qui prirent la parole.

applaudis. La vue de M. Guinard surtout excita le plus vif enthousiasme. Certes, quelque honorable qu'ait été la carrière militaire de ce brave soldat de la république et de l'empire, ce n'était pas à lui seulement que s'adressait cette expression si touchante des sentimens de ses concitoyens ; c'était surtout à l'administration patriote et sage dont il avait fait partie, et que le pouvoir avait renvoyée à cause de la pureté de ses intentions, de la manière franche, loyale et indépendante dont elle avait administré la ville.

A six heures et demie, les convives se retirèrent par groupes nombreux, et parcoururent la ville en chantant des airs patriotiques.

Arrivés à l'Esplanade, un heureux incident vint encore ajouter à l'enthousiasme des citoyens. Un tréteau avait été élevé par les autorités pour recevoir les joueurs de flûte et de hautbois. Cette élévation, pavoisée de drapeaux, devint une nouvelle tribune. Un orateur de chaque émigration vint, à son tour, exprimer avec chaleur son patriotisme, sa reconnaissance pour la France, et l'espoir de rentrer bientôt dans sa patrie avec le drapeau tricolore pour libérateur. Un étudiant en médecine répondit à ces espérances si sacrées, et finit en protestant ave[c] énergie contre les nouvelles bastilles dont [o]veut entourer Paris. Ce discours produisit le p[lus] vif effet ; l'orateur en descendant de la trib[une] reçut les félicitations empressées de la foule composée de citoyens et de soldats du génie, des hussards et du 47e , qui firent retentir l'air des cris unanimement répétés : *à bas les forts! à bas les bastilles !!!*...

Ainsi s'est terminée, dans l'ordre le plus parfait, cette fête admirable... Certes, si le pouvoir n'était aveuglé par l'esprit de vertige, il devrait trembler pour l'avenir... Ce n'est pas lui qui réunira jamais quinze cents citoyens admirateurs de ses œuvres ; ce n'est pas lui qui, sans gendarmes et mouchards, obtiendra l'ordre, le calme et la fraternité dans une réunion aussi nombreuse, et par le seul ascendant de sa moralité. Hommes du pouvoir, vous venez de recevoir une grande leçon : elle ne vous profitera pas, car vous êtes aveugles. Cependant, il faut que vous le sachiez, le peuple ne fait jamais un meilleur usage de sa raison, que lorsque ses ennemis sont en délire. Patriotes de Montpellier, félicitons-nous! Nous avons obtenu un triomphe éclatant : c'est un événement grave qui doit avoir du retentissement et les conséquences les plus heureuses.

Les hommes du département qui n'ont pu participer à cette fête, apprendront combien sont nombreux les amis de la liberté, et la France entière saura quels sont les immenses progrès qui grandissent notre ville aux yeux de la civilisation , et qui la rendent si fière d'avoir , enfin, secoué le joug honteux, que lui imposèrent si long-temps les hommes du passé.

Immédiatement après le banquet, et pour répondre à l'appel de l'honorable M. Charamaule, une association pour la liberté de la presse a été organisée. Son influence puissante sera sentie et imitée par toutes les villes de notre département.

La liberté de la presse , l'association , ce sont les deux leviers qui doivent remuer le monde et accomplir l'émancipation européenne.

TOASTS.

I.

PAR M. CORMENIN.

A la Révolution de 1830!...

C'est elle qui, après une longue tourmente de despotisme et d'orages, nous restitua le premier des biens, l'égalité. C'est par elle que nous avons obtenu de ne plus courber nos fronts que sous la majesté du peuple souverain. C'est par elle que nous avons conquis le droit de fonder tous les pouvoirs sur l'élection, et de gouverner le pays par le pays. C'est par elle que nous avons appris surtout à ne jamais désespérer de la liberté. Oui, citoyens, nous avons déjà son principe, et nous aurons ses conséquences. La révolution de 1830 est semblable au soleil : s'il se voile sous des nuages, c'est pour reparaître plus brillant à l'horizon d'un ciel pur, de ce ciel du Midi qui nous inonde de sa lumière et qui nous embrase de ses feux!

II.

PAR M. ROUCHER.

☻

A la mémoire de nos pères qui, par leur énergie et leur patriotisme, surent préserver la France de l'invasion étrangère et de la conjura- tion des rois !

III.

PAR M. OSCAR GERVAIS,
Officier de la garde nationale.

☻

Aux Prolétaires !

A ceux qui produisent et ne consomment qu'une très-faible partie du fruit de leur travail ! A cette brave population ouvrière, dont le dé- vouement et la générosité ne se démentirent jamais, et qui dans les journées de juillet et de novembre donna les preuves de la plus haute moralité et du désintéressement le plus pur !.... A ceux, enfin, qui inscrivirent sur leur bannière ces mots sublimes qui causent le désespoir des ennemis de tout progrès social : « *Vivre en tra- vaillant, ou mourir en combattant.* »

Aux Prolétaires !...

—

IV.

PAR M. CHASSEFIÈRE,
Ouvrier.

CITOYENS,

Nous sommes jaloux de mériter l'émancipation que l'avenir nous prépare, et nous sommes heureux de défendre la liberté en même temps que nous défendons les droits du peuple. Nos ennemis auront beau nous calomnier, nous saurons toujours répondre par une conduite noble, pure et étrangère à tout excès.

Notre dévouement à la liberté et à la patrie n'a pas de limites ; notre morale restera sans tache. Nous comptons sur des jours meilleurs, nos cœurs battent de la plus vive confiance ; mais pour nous, l'esprit d'ordre et de modération est inséparable de l'esprit de civilisation et d'égalité.

V.

PAR M. RENOUVIER.

Au souverain véritable, au Peuple !

Au progrès pacifique de son règne, que le perfectionnement de la raison publique peut seul assurer, et qui doit être le règne de la justice, le règne de l'égalité, le droit et le besoin de tous !

VI.

PAR M. ESPINOSA.

○

A la France progressive !...

Puisse-t-elle accomplir bientôt la noble tâche qu'elle s'imposa par l'immortelle révolution de juillet envers l'Europe *entière !* Puissions-nous, exilés de toutes les nations, rentrer dans nos foyers, escortés par le drapeau tricolore ! Puissions-nous nous débarrasser des tyrans qui oppriment nos patries, et substituer aux vieux et avilissans mots de *tyrannie, oppression,* ceux de *union et liberté !...*

VII.

PAR M. GUINARD.

○

Au plus grand capitaine des siècles modernes !
Au plus illustre des héros législateurs !
A la plus vaste tête qui organisa des empires !

A Napoléon !

Il fut aimé des soldats parce qu'il aima la gloire ; il fut aimé du peuple parce qu'il aima l'égalité. C'était beau de dire : J'ai combattu avec la grande armée, et je fais partie de la grande nation. C'était beau d'arborer le drapeau tricolorè sur les hauts clochers de Madrid, de Rome, de Vienne et de Moscou ; mais il est encore plus beau d'être citoyen d'un peuple libre. Couronnons donc de lauriers la mémoire de Napoléon, inclinons-nous devant son génie, et que son nom préside à nos fêtes. Mais ne le regrettons pas : lui tombé, c'est à toi seule, Liberté, à toi de monter sur le piédestal de ce colosse, à t'y tenir debout et à régner sur tous les peuples !

VIII.

PAR M. SCHABENBECK.

A la nationalité Polonaise !

Garantie par la France, elle ne saurait périr. La France a toujours rempli ses engagemens. Puissent mes héroïques et infortunés compatriotes retrouver un jour sous son égide leurs foyers, leur indépendance et leur liberté !

IX.

PAR M. LAISSAC, *décoré de juillet.*

Citoyens,

Lorsque nos pères se soulevèrent en 89 pour affranchir notre beau pays du joug de ses oppresseurs, leur premier acte révolutionnaire fut la destruction de la Bastille. La Bastille !.. prison d'état ; la Bastille ! dernier asile de la tyrannie ; la Bastille ! chargée de soutenir sur son trône parjure l'héritier du pouvoir absolu de soixante rois ! L'histoire a recueilli les noms des braves qui, dans la mémorable journée du 14 juillet, se signalèrent par leur courage et leur patriotisme, et elle les a transmis à la postérité entourés d'une auréole de gloire impérissable. Les divers pouvoirs que nous avons eu à subir depuis cette époque, quelque oublieux qu'ils aient été du passé, quelque mépris qu'ils aient affiché pour les sympathies nationales, n'avaient cependant jamais eu la sacrilège audace de relever ce monument honteux de tant de siècles de malheur. Eh bien ! ce que l'empire et la restauration elle-même n'avaient pas osé faire, le gouvernement né de la glorieuse révolution de juillet, de la plus pure des révolutions, ce gouvernement essaie de l'exécuter. Des bastilles nouvelles menacent d'entourer Paris ; Paris, la cité sainté, la mère de la civilisation ! Citoyens, resterons-nous froids et impassibles devant cet attentat fait à la liberté française ? Laisserons-nous élever cette barrière que l'on veut opposer aux destinées de notre patrie ? Non, non, ce serait répudier l'héritage d'honneur et de patriotisme que nous léguèrent en mourant nos frères des trois jours ; ce serait insulter à leur mémoire. Unissons-nous donc à cette vaillante et généreuse population parisienne qui est le cœur et le bras de la France, pour protester contre les fortifications de Paris. Portons tous ensemble le toast suivant : *Plus de bastilles !*

X.

PAR M. CHARAMAULE.

A la liberté de la presse !

Noble apanage de la civilisation, instrument invincible de progrès : à ce titre la presse encourut toujours la haine de tous les despotismes, toujours ou rétrogrades ou stationnaires ; mais il n'est donné à aucun despotisme de prévaloir contre elle. Aux trois journées, la presse triompha sans retour de la violente agression des rois ; aux trois journées, la presse marqua pour les peuples une ère d'émancipation et de liberté. Depuis elle poursuit sans relâche leur affranchissement par la propagande de la pensée, propagande généreuse et pacifique, devant laquelle s'inclineront avec joie les baïonnettes elles-mêmes, devenues intelligentes. Pourquoi faut-il que le gouvernement né de trois jours, oublieux de son origine et de sa mission civilisatrice, semble avoir épousé contre la presse, dont il fut l'ouvrage et dont il devait être l'auxiliaire, la haine invétérée des trônes ? Fatal aveuglement qui l'engage chaque jour davantage dans une lutte où périssent tous ceux qui s'y laissent engager! Rassurons-nous : la presse qui fit la révolution de juillet saura la défendre et triompher encore ; secondons ses généreux efforts. A la voix du courageux député, de l'éloquent écrivain qu'un bonheur inespéré nous permet de voir présider à cette fête, une vaste association en faveur de la liberté de la presse se propage rapidement sur toute la surface de la France. Ne restons pas en arrière, couvrons de souscriptions les statuts de cette association libérale et patriotique, et rappelons-nous sans cesse que la presse, selon l'énergique expression de M. de Cormenin, porte dans ses mains toutes les vérités et toutes les libertés du monde.

XI.

PAR M. CORMENIN.

Aux victimes de juillet! Honneur à leurs mânes!

N'oublions pas, n'oublions jamais, qu'il y a trois ans, à pareil jour, ces glorieux citoyens montèrent bravement à l'assaut des ordonnances qui embastillaient nos libertés, et qu'ils moururent de la mort des héros, pour la sainte défense de la patrie et des lois.

Que leur mémoire palpite dans nos cœurs! Qu'elle soit éternellement chère et sacrée à tous

les peuples opprimés qui souffrent et qui espè-
rent! Le sang généreux des martyrs de juillet
n'aura pas coulé en vain pour la liberté du
monde.

Honneur à leurs mânes ! ! !

Le matin, la garde nationale a été passée
en revue avec les différens corps de la garnison ;
la garde nationale a défilé aux cris de *vive la
liberté ! à bas les forts ! à bas les bastilles !* Les
mêmes cris se sont fait entendre après le toast
de M. Laissac.

Protestation
CONTRE L'EMBASTILLEMENT DE PARIS.

—

ADRESSE

des Patriotes de l'Hérault aux Parisiens.

CITOYENS,

L'oppression a toujours besoin de citadelles et de soldats pour se maintenir : c'est un symptôme de faiblesse et de lâche tyrannie. Aussi, n'est-ce pas sans étonnement et sans un profond sentiment d'indignation et de pitié, que nous avons vu le pouvoir, né d'une révolution faite au cri de *vive la liberté!......*, se révolter contre sa mère après trois ans d'existence, et chercher à l'étreindre pour mieux l'étouffer!.....

Citoyens, il nous serait impossible de vous exprimer le dégoût et le mépris que nous inspirent les audacieuses entreprises et les étranges déceptions de la royauté ; nous sommes saisis d'une trop vive douleur en face de l'acte inique et illégal qui condamne Paris à la mitraille et au feu, Paris! la ville sacrée des patriotes, Paris! cette mère de la liberté et de la civilisation, Paris! ce centre de l'activité industrielle, intellectuelle et commerciale.

Citoyens de Paris, nos souvenirs nous rassurent pourtant.... 1789! 1830!... Ces deux grandes époques font encore vibrer nos cœurs d'une sainte audace, et nous donnent toute confiance. Elles rappellent à notre admiration votre patriotisme et votre courage ; elles nous disent comment vous savez démolir une bastille, et renverser trois races de rois en trois jours...... Il ne sera pas dit que vous avez dégénéré en 1833 ; il ne sera pas dit, qu'impassibles et stupides spectateurs, vous vous êtes laissé emprisonner sans défense ; il ne sera pas dit que, sentinelles avancées pour défendre l'honneur national et la liberté, vous avez laissé périr et la liberté et l'honneur national.....

Concitoyens, comptez sur vos frères de l'Hérault ; notre sympathie vous est acquise, nos bras vous appartiennent, et, s'il le faut, dites un mot : FRANCE.... et la France entière vous répondra....

BARADUC, *étudiant en médecine.*

Nota. Cette protestation se couvre de signatures dans tout le département.